कुकड़ूनफू

(सुरजापुरी कविता संग्रह)

विवेकानन्द ठाकुर

PRACHI
DIGITAL PUBLICATION

Title   :   Kukadumaku

Author   :   Vivekanand Thakur

Edition   :   First (October, 2024)

ISBN   :   9788197785733

Published by

PRACHI
DIGITAL PUBLICATION

Regd. Add.: 254, Khuriyakhatta No. 10, Bindukhatta,
Lalkuan, Nainital - 262402, Uttarakhand, India
Website : www.prachidigital.com
E-mail : info@prachidigital.in
Phone : +91 976041 7980, +91 976041 8103

Printed by :
Manipal Technologies Limited, Bengaluru - 560001, Karnataka

समर्पित

मैं यह पुस्तक अपने स्वर्गीय माता–पिता
को समर्पित करता हूँ

स्व . हरिनंदन ठाकुर

स्व . सुशीला देवी

अनुक्रमणिका

!! शुभकामना संदेश !!

कोई भी भाषा मानव जीवन की सर्वोत्तम उपलब्धि है। दुनिया के सभी समाजों के गठन में भाषा ही संवाद का माध्यम होता है। भाषा के प्रयोग का उद्देश्य संवाद होता है और अपनी बातों को समझाना होता है। वर्णों से शब्द, शब्दों से वाक्य और वाक्यों के समुचित विन्यास एवं विराम चिन्हों के प्रयोग के बाद भाषा का बोध होता है। यही किसी भी भाषा की मूलभित्ति होती है। बोलियों को भी भाषा कहते हैं, लेकिन इसका कोई व्याकरण नहीं होता। यद्यपि बोलियां भी विकसित होते होते भाषा का रूप ले लेती है। बिहार में क्षेत्रीय भाषाओं जैसे भोजपुरी, मैथिली, अंगिका, मगही, सादरी व बज्जिका आदि का बोलबाला है। इन भाषाओं को बढ़ावा देने के लिए भाषाविदों ने अनेक कदम उठाए हैं ताकि क्षेत्रीय भाषाओं का ज्यादा से ज्यादा संरक्षण व संवर्द्धन हो सके।

विदित हो कि बिहार के सीमांचल/कोशी अंचल, सीमावर्ती क्षेत्र बंगाल में, भारत से सटे नेपाल देश के सीमा क्षेत्र में बहुतायत से बोली जाने वाली सुरजापुरी भाषा का विकास लगभग मृतप्राय है। इस भाषा के व्याकरण, वाक्य विन्यास व नए शब्दों के बनावट पर भाषाविदों ने विशेष ध्यान नहीं दिया। जबकि पूर्व से ही यह भाषा यहां बोली और समझी जाती रही है। सुरजापुरी भाषा में अभी तक उपन्यास, फिल्में, नाटक, कहानी संग्रह उपलब्ध हैं। इन रचनाकारों और फिल्मकारों में मैं स्वयं भी शामिल रहा हूँ। यद्यपि सुरजापुरी भाषा को संजीवित रखने व राष्ट्रीय मान्यता देने और संविधान की आठवीं अनुसूची में शामिल करने का सरकारी आशवासन भी मिला है, लेकिन अभी तक कोई सुखद परिणाम सामने नहीं आया है। ऐसे में बहुचर्चित अधिवक्ता, प्राचार्य व नवोदित आशु कवि श्री विवेकानन्द ठाकुर जी ने अपनी प्रथम कृति "कुकडूमकूँ" नामक काव्य संग्रह सुरजापुरी भाषा में लिख कर मुझे आह्लादित किया है और मुझे प्रतीत हुआ कि जिस तरह अलसाये, सोए हुए लोगों को मुर्गा बांग देकर जगाता है, ठीक उसी तरह आशु कवि ठाकुर जी ने अशिक्षा, गरीबी, शोषण, अत्याचार, अन्याय, लोक स्वास्थ्य का गंभीर शब्दों के साथ ही, हास्य व्यंग्य के द्वारा भी, अनियमितता, असमानता, बेरोजगारी, भुखमरी तथा किसानों की दुर्दशा से, हृदय में उत्पन्न पीड़ा को इस काव्य पुस्तक में उकेरने का कार्य अपनी लेखनी से किया है।

प्रस्तुत काव्य संग्रह में अधिकांश कविताएं व रचनाएं उपरोक्त विषयों से ही संबंधित है। बीच--

बीच में कवि ने कविताओं को रोचक बनाने के लिए कहीं कहीं हिन्दी व अंग्रेजी शब्दों का भी कलात्मक ढंग से प्रयोग किया है। कई कविताओं में पीड़ा और अवसाद की भी गूंज मिलती है। सामाजिक एवं गांव शहर की घटनाओं का विस्तृत चित्रण भी है एवं क्षेत्र के ऐतिहासिक महत्व की चीजों पर भी प्रकाश डाला गया है। अपेक्षाकृत ये कविताएं कम संख्या में होते हुए भी हमारे सामाजिक चरित्र को उघाड़ने की कवि ने कविताओं के माध्यम से भरसक कोशिश की है। समाज में घटिया मानसिकता की जड़ों को उखाड़ने का अथक प्रयास कवि ने कविताओं के माध्यम से किया है। सुरजापुरी भाषा की लुप्त होती हुई सभ्यता व संस्कृति को संजीवित करने का कवि ने प्रशंसनीय कार्य किया है। गत महीने जब श्री विवेकानन्द ठाकुर जी ने "कुकड़ूमकूँ" काव्य संग्रह नामक पुस्तक प्रकाशित करने की योजना बनाई तो मैंने उनके इस विचार का तहेदिल से स्वागत और समर्थन किया। आपने आदरपूर्वक इस काव्य संग्रह की शुभकामना संदेश लिखने का जो दायित्व मुझे सौंपा तो मैं बेहद हर्षित हुआ। आपके प्रति असीम स्नेह के कारण मैंने आपका यह प्रस्ताव स्वीकार कर लिया। मैंने जब आपकी सभी कविताओं को आद्योपांत पढ़ा तो लगा कि आपके पास अपनी बात कहने का या भाव प्रकट करने का विशाल शब्द भंडार है जो पाठकों का भरपूर मनोरंजन करेगी क्योंकि आपकी भाषा में क्षेत्रीय बोली का प्रभाव हावी है।

मेरे परम स्नेही मित्र श्री विवेकानन्द ठाकुर जी ने अपने कविता संग्रह प्रकाशन के सिलसिले में कई बार मेरे घर मेहमान हुए और मैंने कवि की रचनाओं को बारम्बार पढ़ा। कवि की हार्दिक अभिलाषा की पूर्ति हेतु इस सुरजापुरी काव्य संग्रह का शुभकामना संदेश मैंने हिन्दी में लिखा।

अन्त में मैं इस काव्य संग्रह "कुकड़ूमकूँ", जो कि सुरजापुरी भाषा की संभवतः "पहली काव्य पुस्तक" होगी, की हार्दिक प्रशंशा करता हूं और आपके मंगलमय भविष्य की कामना करता हूँ। आपका कविताई अनुशासन निरन्तर सुदृढ़ हो, लय-ताल में सृजनशीलता जारी रहे और आपका उर्जस्वल व्यक्तित्व अधिक से अधिक निखरे, यही मेरी शुभकामनाएं हैं।

डॉ. पी. पी. सिन्हा
पूर्व कृषि उप निदेशक (भारत सरकार)
सह साहित्यकार
ग्राम रहमानगंज पोस्ट बहादुरगंज
जिला किशनगंज, बिहार
मो.: 8084764155

लेखकीय

आज से लगभग चार वर्ष पूर्व जब मैंने हिन्दी में पहली कविता लिखी थी, तो मैंने यह सोचा भी नहीं था कि एक दिन लेखन कार्य मेरे जीवन का महत्वपूर्ण कार्य होगा और मैं कोई पुस्तक भी लिखूंगा। लेकिन जब नियन्ता को किसी से भी कोई कार्य लेना होता है तो वे उससे वो कार्य ले ही लेते हैं। इसी का परिणाम है आपके हाथ में यह सुरजापुरी काव्य पुस्तक "कुकडूमकूँ"।

मुर्गा का बांग "कुकडूमकूँ" अरुणोदय का प्रतीक है। लोक गीतों, सिनेमा, मुक्तक, रील, उपन्यास के द्वारा आज सुरजापुरी भाषा और साहित्य अपने शैशव काल में मुर्गे की भांति बांग देकर अपने जागरण का संकेत दे रही है, वहीं इस पुस्तक के लेखक (मैं) के लिए भी यह पहली एकल "काव्य संग्रह" उसके साहित्यिक जीवन का विहान है। इससे ही इस पुस्तक के नाम की सार्थकता सिद्ध होती है।

"कुकडूमकूँ" एक सुरजापुरी काव्य पुस्तक है। सुरजापुरी भाषा प्राचीन सुरजापुर परगना के बोलचाल की भाषा है जो किशनगंज जिले सहित बंगाल और नेपाल के एक बड़े भू-भाग में बोली जाती है। यह भाषा मुख्य रूप से संस्कृत, हिंदी, बंगला और मैथिली भाषा का मिश्रण है।

इस भाषा की अभी तक न तो कोई शब्दावली उपलब्ध है और न ही व्याकरण। साथ ही यह अलग-अलग क्षेत्रों में अलग-अलग ढंगों से बोली जाती है। इसलिए कविता लिखते समय श्रवण को ही मुख्य आधार मानते हुए शब्दों का गठन किया गया है। कविताओं में कुछ शब्दों को भी आवश्यकतानुसार अलग-अलग जगहों पर अलग-अलग ढंग से लिखा गया है।

इस पुस्तक की कविताओं में सामाजिक सरोकारों, व्यंग्य, हास्य, श्रृंगार व प्रेम, बाल कविता,

भक्ति गीत के साथ ही ऐतिहासिक महत्व के स्थानों का वर्णन काव्य रूप में किया गया है और मैं दावा तो नहीं करता लेकिन संभवत: काव्य रूप में यह "सुरजापुरी भाषा की पहली काव्य पुस्तक" है ।

वर्तमान सुरजापुरी साहित्य रचनाकारों से इसके शब्द क्षेत्रीयता के आधार पर भिन्न-भिन्न हो सकते हैं एवं कुछ हास्य कविताओं को रोचक बनाने के लिए हिन्दी व अंग्रेजी शब्दों का भी प्रयोग कहीं-कहीं किया गया है ।

आशा है यह पुस्तक आप सुधी पाठकों को रुचिकर लगेगी तथा सुरजापुरी साहित्य के विकास में यह पुस्तक अपना एक अलग स्थान रखेगी ।

इसी विश्वास के साथ ......

मैं समालोचकों तथा पाठकों के विचारों का स्वागत करूंगा ।

विवेकानन्द ठाकुर

वन्दना

गणपति देवा तुमाक मोर प्रणाम
सबार से आगु तुमार ली छी नाम
हाथ जोड़े कने मुंय विनती करे छी
सर्व सिद्धि तुमि करे दऽ मोर काम।।

गौरी पुत्र तूंय छीस गणेश
हरे लऽ लोकेर गोटे ला क्लेश
सबार से आगु तुमार होछे पूजा
छोड़ कने ब्रह्मा, विष्णु, महेश।।

सरस्वती, लक्ष्मी तुमार संग छे
रिद्धि आर सिद्धि तुमार अंग छे
महादेवेर तूंय छीस बहुत दुलारा
तुमाक जे पूजे, उहांय जीते जंग छे।।

वक्रतुंड तुमार पहला छे नाम
बना छिस तूंय सबार बिगड़ाल काम
एकदंत तुमार दुसरा छे नाम
तुमाक करऽ छी मुंय पहला सलाम।

तुमार नाम जपऽ छे जे बड्डी बिहाने
उहांय खूब खुश रहे, कधो नी काने
विपदा उहार सब ला हरे जा छे
जे मानुष तुमार भक्ति करबा ठाने।

सूर्यदेव आर सुरजापुरी

सूर्य देवता तुमार जय जय जय
दुर्बुधिर कर तुमि क्षय क्षय क्षय
जीवनी शक्ति तुमि दिये कने
दूर करे दऽ सबला भय भय भय
सूर्य देवता तुमार जय जय जय।।

सूर्यवंशी राजार माटी मुंय
मोर पुराना इतिहास छे,
मोर कहानी माटीर तलत दबाल छे
ताहे ताने मोर मोन निराश छे।

सीमांचलत मोर राज छिल
सूरजापुरी भाषा मोर पहचान,
सूर्य पूजा हो छिल इठियान,
आज भी छे मोर घोर बड़ी जान।

दूई टुकड़ा मोर मूर्ति हैंय गेल
तहातो मोर देहलात छे जान,
कोचाधामनेर माटीत खोजबो जध
होय जाबो तूंय देखे हैरान।

सात घोड़ात मुंय सवार छी
जीवनेर शक्तिर छे पहचान,
उषा, प्रत्यषा, अनुचरदंड
पंगलेर साथ छे मोर थान।।

मोर माटिर भाषा सुरजापुरी
इहाक नी मिले छे कियांय पहचान
एक दिन एनमान ओसबे जरुर
सबला भाषार साथे मोहको मिलबे स्थान।।

हमसार किशनगंज जिला

हमसार किशनगंज जिलार अपना एक टा पहचान छे
हिंदू मुस्लिम एकतार पूरा देशक दीते एक पैगाम छे।

हरा हरा फसल हो छे इठियान, चायपत्तीर बगान छे
धान, गेहूं, मक्कार खेती इठियान, किसानेर जान छे।

महानंदा ईहार गोदीत खेले छे, बहह धारा निर्मल निर्मल
ईहार घाटोत लागे पावन मेला, बहह कलकल कलकल।

बड़ीजानत छे सूर्य देवता, वेणु बाबार पवित्र थान छे
खगड़ा चुर्ली स्टेटेर गौरवशाली सबार से पुराना मकान छे।

बांग्लादेश नेपालेर, दुई टा देशेर छे फैलाल लम्बा सीमा
कामाख्या देवीर दर्शन करबा, दर्शनार्थी जाछे धीमा धीमा।

इठियानकार बोली सुरजापुरी, सुरजापुरी नामी आम छे
मछली पालन इठियान हो छे, खेतीर भरपूर मखान छे।

शहीद स्थल, नेहरू पार्क, इठियान रूईधासा मैदान छे
मजार छे इठियान किशनगंजत, बूढ़ी काली मां महान छे।

गुरुद्वारा छे, चर्च छे, एक से एक मंदिर मस्जिदेर धाम छे
कवि, लेखक, कवयित्री इठियान, एक से एक महान छे।

वेणु बाबा

किशनगंज जिलार वेणुर टीलात
मनचाहा वरदान मिले छे
छोरा लाक कैना, छुड़ी लाक दुल्हा
निःसंतानक संतान मिले छे।।

नेता जा छे, अभिनेता जा छे
टीलात जाय प्रणाम करे छे
विश्वास राखे जे पूजऽ छे
उहाक उहार परिणाम मिले छे।।

आजकार छे नी ई टा टीला
महाभारत से पहचान मिले छे
वैशाखीत इठियान मेला लागे छे
घोरेर सब ला सामान मिले छे।।

ग्राम देवता छे वेणु बाबा
सभार रक्षा उहांय करे छे
एक पलत खुश होय जा छे बाबा
श्रद्धा से जे ढेंग धरे छे।

कब होबे इठियानकार विकास
नेता ला से जन जन पूछे छे
पर्यटन स्थल कध इठियान बनबे
वेणु टीलार कण कण पूछे छे।।

सुरजापुरी भाषा

सुरजापुरी खाली एक भाषा नी
एक संस्कृति छे
सीधा साधा लोक ला बोल छे ई टा भाषा
इहात नी थोड़ेक भी विकृति छे।।

छे नी ईहात ऊंच नीचेर भेद
नी छे इहात जातिर रंगभेद
बोलते ही फैले जा छे अपनापनेर खुशबू
ईहात लिखना छे हमसाक मिले जुले
कुरान, पुराण आर वेद।।

बिहार, बंगाल, नेपालत छे इहार फैलाल सिमाना
बोली छे ई टा बहुत ही सुंदर आर पुराना
लेकिन नी मिलबा पारिल छे ईहाक अपना पहचान
आब हमसाक मिले लाना छे ई टा भाषात जान।।

हिंदी, बांग्ला, उर्दू छे इहार जननी
संस्कृत, मैथिली भी छे इहार संगिनी
सबार से मिले जुले निकलिल छे इहार रूप
आब चलबे कवि लेखकेर कलम
रहबे नी इहांय आब थोड़ेक भी चुप।।

ई टा भाषात बनिल छे सिनेमा आर रील
ई टा भाषा सुनते ही होय जा छे हमसाक गुड फील
दर्जनों बनिल छे ईहात लोक गीत
ई टा भाषा से मोहको हैंय गेल छे पूरा प्रीत।।

सुरजापुरी समाज

जमाना से पिछड़ाल छे सुरजापुरी हमसार समाज
के उठाबे ईहार बीड़ा, के बचाबे ईहार लाज
सब ला नेता धोखा दिले, सब निकालिल अपना काज
नी रोजगार, नी कोय साधन, कहाक पहनाम हमरा ताज।

बिजली पानी खेतत नी छे, सड़क देखऽ सब ला बदहाल
जैकेट पहिरे नेता घूमे छे, गरीब मजदूर छे फटेहाल
नी कोय फैक्ट्री, नी कारखाना, कध होमू हमरा खुशहाल
गरीबेर गतरत कपड़ा नी छे, नेता ला छे मालामाल।।

भ्रष्टाचार फैलाल छे, दहेज दानव छे विकराल
घुसपैठी सुरजापुरीत बने गेल छे देखऽ काल
धीरे धीरे जमीन घिसके छे, बंगलादेशीर देख कमाल
हमसार भूमि हमसार देश, हमराय हैंय गेल छी कंगाल।

जागऽ जागऽ सुरजापुरी जागऽ सुरजापुरीर लाल
पढ़े लिखे आगू बढ़ऽ, निकले बनऽ बाल, लाल, पाल
आब अपना घरत तूंय, गलबा नी दिस कहारो दाल
अपना सुरजापुरी नेता चुनऽ, चुन अपना माटीर लाल।।

आम पोरे छे ढप ढप ढप

आम पोरे छे ढप ढप ढप
मुंखत पानी चप चप चप
बीछे बीछे आम ला आनछी
खाछी कमराय घप घप घप ।।

पानी पोरे छे टप टप टप
ठैंगेर नीचा छप छप छप
छुआ पुआ खूब खेले छे
करे छे हा हा गप गप गप।।

आमेर पतासी भक भक भक
खट्टा मीठा गस गस गस
एकटा थालीत सब झने खाछी
मत पूछऽ कतेक छे रस रस रस।।

लाल लाल आम ला टस टस टस
खूब निकले छे रस रस रस
कपड़ा लत्ता ला गंदा हो छे
आमेर लस्सा लागिल लस लस लस।।

किस्मत मोर डूबे गेल

कर्जा लिये खेत जोतनू, छांटनू सब ला आल
किस्मत मोर डूबे गेल देखऽ, सूखा गुजरिल साल
कस्से करे मोर दिन जाबे, होल बुरा हाल
केनमान बेटीर शादी दिलामू , केनमान पढ़बे लाल ।।

देह टा मोर हैंय गेल कालो, उड़िल सबला बाल
एक टा मोर गाय छे, उहांव नी खाले पाल
पटुआ साग भात खा छी, मिले छे नी दाल
जीवन मोर बेकार हैंय गेल, रहनू फटेहाल ।।
कर्जा लिये खेत जोतनू.......।।

फूसेर घर चू छे रातत, छुआ ला बेहाल
कैना मोर गाली दी छे, पीटे छे कपाल
आंधीत उड़े गेल सब ला, छप्पर से पुआल
आब जीबार मन नी होछे, जीना होल मुहाल ।
कर्जा लिये खेत जोतनू ।।

रात काटे छी हमरा ओढ़े, मोटका ला तिरपाल
मोर पर माया कधखुन करबो, हे रघुवर कृपाल
तूंय ही मोर आसरा छीस, हे दीन दयाल
देख तूंय मोर बीती, कर तूंय मोर ख्याल
कर्जा लिये खेत जोतनू ।।

हमसार ताने ई टा देशत, नेता मारे ताल
हमसार पाकिट रहे गेल खाली, उहार पाकिट माल
हमसार कोठी सूना छे, उहार भराल छे घुड़साल
कध धुरबे हमसार दिन, कध बदलबे हाल
कर्जा लिये खेत जोतनू ।।

ई साल मुंय शादी करुम (हास्य कविता)

ई साल मुंय शादी करूम मिलबे मोक नारी
नारीर संग मिलबे मोक दुई चक्कार गाड़ी
शादीर बाद आब हमरा पैदल नी चलबा पारी
सब ला भाई एक टा गाडीत चढ़ूम बारी बारी
ई साल मुय शादी करुम।

पिहनुम कुरता शेरवानी हाथक पिहनुम घड़ी
सुंदर सुंदर फूल लार हाथक बान्हुम लरी
मारे सेंट डयोडूरेंट गम गम मुंय करूंम
कनियार बीती से आब मुंय घरत सबार से लड़ूम।

मोर किबला जमीन बेचे दीले मोक दहेज
आब मोक पैसार कमी नी छे, छे नी मोक परहेज
कैनार संग आब मूंय खामू होटलत कबाब
गांवेर लोग आब मोक कहबे तूंय बड़का नबाब
ई साल मुंय शादी करुम।

आला मुंय छी बेरोजगार मोर साला पैसा वाला
ऊहार साथ घूमूम मुंय पहने चश्मा काला
मोर बापेर जमीन छे परती बीघा बीघा
पैसा घटबे मोर जेबत ती करुम मूंय केवाला
ई साल मुंय शादी करुम।

मोर कैनार होठत लाली (हास्य कविता)

मोर कैनार होठत लाली, आंखत कजरा हाथत बाली
बड़ा मदमस्त ऊहार जवानी, चाल उहार छे बड़ा मतवाली।

डीलडौल कहबा नी पारुम, उहार बिन मुंय रहबा नी पारुम
उहार बीती जे आंख उठाबे, उहाक मुंय पूरा झारुम।

उहार साड़ी सिल्की सिल्की, रंग उहार छे मिल्की मिल्की
स्नो पाउडर उहांय लगा छे, मुखड़ात बिल्कुल हल्की हल्की ।

उहार पसन्द छे सिनेमा सर्कस, कमरत पहने चांदीर डरकस
छमछम छमछम उहार पायल, बोल छे मीठा बोले नी कर्कस

कैनार संग मिलील मोक गाड़ी, चार चक्का मुंय चलबा नी पारी
ड्राइविंग सीटत उहांय बोठे छे, पिहने छे जिंस छोड़े साड़ी।

महीनात दस दिन होटल बाजी, साला मोर बड़ा छे पाजी
पिछला सीटत बोठे जाछे, सब बातत बोले छे हां जी हां जी ।

सब दिन बेड टी उहाक चाही, पियर्स से उहाक नहाही
रंग बिरंगी क्रीम किने छे, हटबार मुंह से काला छाही

तहातो हमसार प्यार दुगूना, उहार बिन मोर जीवन सूना
हर दिन उहार बारे लिखे छी, रंगते रहे छी पन्ना पन्ना।

आमेर मौसम

ठंढा ठंढा हवा चले छे, ढप ढप गिरे छे आम
बीछे बीछे मुंय आनुम, मूढ़ी आम मुंय खाम
ठंढा ठंढा हवा चले छे।।

पूरबा पछिया हवा बहे छे
अल्हड़ मांदी गाछ झूमे छे
ढप ढप ढप ढप आम पोड़े छे
दौड़े दौड़े छुआ ला बिछे छे
आम खाबा ई टा साल, मुंय जाम मामार गाम
बीछे बीछे मुंय आनुम, मूढ़ी आम मुंय खाम।।
ठंढा ठंढा हवा चले छे।।

कोय टा आम कच्चा छे
कोय टा आम पक्का छे
लाल पीला सुंदर सुंदर
कोय कोय टा अधकच्चा छे
खट्टा मीठा सब ला चुने, मुंय ती घर ले जाम
बीछे बीछे मुंय आनुम, मूढ़ी आम मुंय खाम
ठंढा ठंढा हवा चले छे।।

एक टा आम छे कलकतिया
एक टा छे सुरजापुरी
साने खामुं दूधेर संग
चाहे चूड़ा या लिये मूढ़ी
एतला स्वाद कून नाशतात, ई जिनगी मुंय पाम
बीछे बीछे मुंय आनुम मूढ़ी आम मुंय खाम

ठंढा ठंढा हवा चले छे।।

सबार से सुंदर सुरजापुरी
खा छे छुड़ी खा छे बूढ़ी
सब ला गोतिया मिले बिछे छी
तध लगा छी अपना कूड़ी
सुरजापुरीर ई मुल्कत, सबसे बड़ऽ नाम
बीछे बीछे मुंय आनुम, मूढ़ी आम मुंय खाम
ठंढा ठंढा हवा चले छे।।

दुबड़ीर काली (भजन)

दुबड़ीर काली मुंय पूजुम, पूजुम गोसाईं धाम गे
माता पिता पूजुम पहले, करमूं तध जलपान गे
दुबड़ीर काली मुंय पूजुम।।

लाल लाल फूल तोड़ूम, तोड़ूम केलार पत्ता गे
खीर चढ़ामूं, मिष्टी चढ़ामूं, चढ़ामूं केलार हत्था गे
घूप दूम, दीप दूम, सौ सौ टेकुम मत्था गे
पान चढ़ामू मीठा बंगला दिये चूना कत्था गे
दुबड़ीर काली मुंय पूजुम।।

केस खोले मुंय नाचुम, कालीर गीत मुंय बाचुम
पायल मोर बाजबे छुम छुम छुम छुम छुम छुम छुम
लाल लाल साड़ी पिहने, माथार सीत सिंदूर भरे
होंठ ला अपना गोल करे लुरु लुरु बाजुम गे
गोबरेर छान चारो बीती, मुंय अखलाय दे दुम गे
दुबड़ीर काली मुंय पूजुम।।

माता मोर होबे सहाय, आशीष दिबे हाथ उठाय
भक्ति मोर जिनगी छे, भक्ति बिन नी कोय उपाय
अपना जिनगी अर्पण मोर, माता पर तूंय सब ला छोड़
सबला दुख हरबे माता, माता से ही मोर नाता गे
पूजऽ पूजऽ काली पूजऽ, माता छे सबार विधाता गे
दुबड़ीर काली मुंय पूजुम।।

मोर फटफटिया

मोर फटफटिया फट फट फट फट, ढोछे गेहूं धान
दिन दिन भर चले छे सड़कत, ली छे शाम करे आराम
मोर फटफटिया फट फट फट फट।।

 नी इहार कोय नम्बर छे, नी लागे छे चालान
गली गली घुसे जाछे, जा छे सबार खलिहान
मोर फटफटिया फट फट फट फट।।

ईहात तीन टा चक्का छे, ईहार ऊंचा शान
कच्चीतो घीचे लीछे, ईहार एनमान टान
मोर फटफटिया फट फट फट फट।।

कधखुन कधखुन लोक बोठे छे, जा छे महानन्दी स्नान
ईहार किस्मत कत्तेक सुन्दर, बिन पैसार घूमे धाम
मोर फटफटिया फट फट फट फट।

मोर फटफटिया छे मोर मेहबूबा, मोर राखे छे ध्यान
दिन भर कमाय ईहांय दी छे, खा छी चाय आर पान
मोर फटफटिया फट फट फट फट।।

ईहार खाना ग्रीस आर डीजल, आर नी कोय छे मांग
मोक खिला छे भर पेट खाना, पूरी आर पकवान
मोर फटफटिया फट फट फट फट।।

मोक चिन्हे छे सब ला लोक, ईहार खाते जान
ईहार कारण मोक मिले छे, गांव घरोत सम्मान
मोर फटफटिया फट फट फट फट।

मेहनत मोर किस्मत तोर

मेहनत मोर किस्मत तोर, चलनू मुंय लिए ठेला
आनुम मुंय सांझ करे, छुआर ताने दूध आर केला
मेहनत मोर किस्मत तोर।।

मोर हाथत दिले तोर हाथ जीवन टा निभतार ताने
तोर मां बिदा करील तोक ससुराल खूब काने काने
तूंय छीस मोर जिम्मेवारी, तूंय छिस मोर लैला
तोर ताने जीना मोक छे, सब ला चीज दुम तोक आने
मेहनत मोर किस्मत तोर।।

ऊपर वाला रहम करिल, दिले एक टा छुआ
उहार ताने सब दिन मोक करना छे दुआ
दूध आनुम केला आनुम, आनुम मुंय रसगुल्ला
तूंय बनाए दिस उहाक पावनित पूरी आर पुआ
मेहनत मोर किस्मत तोर।।

एक टा ठेला मोक छे, मोर एतला छे दुनियां
दिन भरे मुंय तपे छी, जेनमान रुई धुनियां
बोझा ढो छी जेठेर धूपत, ढो छी माथात बोरा
तध मुंय आने छी टाका, तध पले छे मुनियां
मेहनत मोर किस्मत तोर।।

मोर गरीबी जीवन छे, सुन गे प्रेम नी छे छोटो
मेला घुम्बा हमराव जामुं, उठियान घिचुम फोटो
सर्कस देखुम, होटलत खाम, चढ़ामु तोक झूला
आदमी मुंय छी दूई टाकार, मन मोर नी छे छोटो
मेहनत मोर किस्मत तोर।।

ईद मुबारक

ईद मुबारक, ईद मुबारक, ईद मुबारक ओसिल छे
ईदगाह जाय सब ला नमाजी, नमाज पढ़बा बोठिल छे।

कुर्ता पायजामा सादा सादा, माथात छे टोपी सादा
गम गम गम गम सेंट करऽ छे, की पोता आर की दादा।

नमाज पोढ़े गला मिलऽ छे, ईद मुबारक आपसत बोल छे
हांसे हांसे बात करऽ छे, प्रेमेर मिश्री मुख टात घोल छे।

छुआ ला दौड़े कूदऽ छे, मांग छे बड़ऽ ला से ईदी
मेहमान टा से टका ली छे, तंग करऽ छे फूफी दीदी।

सबार घोरत सब जा छे, मुंह करऽ छे अपना मीठा
मीठा खा छे, सेवई खा छे, खा छे चौलेर गरम पीठा।

नया नया कपड़ा पिहिनऽ छे, लोक ला हांसे बाजे छे
छुआ ला सुंदर सुंदर कपड़ा पिहीने कत्तेक सुंदर छाजे छे।

ठहाका मारे छे बूढ़ऽ ला, छुआ ला साइकिल हांके छे
चलते चलते छुआ ला, काजू किसमिस केनमान फांके छे।

ईद मुबारक, ईद मुबारक, ईद मुबारक ओसिल छे
ईदगाहत जाय सब ला नमाजी, नमाज पढ़बा बोठिल छे।

खगड़ा मेला घुमबा जाम

सुन गे मां मोक सिलाय दे कुर्ता आर पायजामा
मुंय भी जामु खगड़ा घुमबा, देखुम उठियान ड्रामा।

मुंय जामू मामीर साथ, साथत जाबे मोर मामा
खर्चा दिबे मेला घुमबार, मोर बड़का टा नाना।

झूला झूलुम हत्थी देखुम, देखुम मुंय सिनेमा
सरकस टार बाघ देखुम, सुनुम उठियान गाना।

चाट खामु, घुपचुप खामु, खामु मुंय बेदाना
मीट्ठा मीट्ठा शरबत पीऊम, साथत खामु खाना

टोटो चढुम, टेम्पो चढूम, मौसम छे सुहाना
खोजुम मेलात एक दीवानी, मोर मोन छे दीवाना

रातत थियेटर देखुम, उठियान लगामुं बिछाना
ड्रामा चले छे थिएटरत ,आज-काल डाकू सुलताना

खामु पापड़, खामु झालमुढ़ी, खुदरा दे दे चार आना
दस टका से कमत होतोक नी नुनू, छे नी ऊ टा जमाना

मां बोलिल घूमिस ठीक से, जेबकतरा ला छे सियाना
ऊहार डर तूंय कर नी गे मां, मोर बुद्धि आब नी बचकाना।

गर्मी

ई सालेर गर्मी छे बड़ऽ कमाल
माथात पसीना हाथोत रूमाल
बिजली कटौती जारी छे भई
सब ला लोकेर हैंय गेल बुरा हाल।।

धूप पड़ऽ छे जेनमान लू
आब सहबा नी पारूम बू गे बू
बिजलीर आंख मिचौली देखे
उहार पर करऽ छी थू थू थू।।

बोड़ो लोकेर घरत छे इन्वर्टर
खर्राटा उहांय मारे खर खर खर
छोटो लोकेर हाथत छे हथपंखा
उहांय उड़ा छे मच्छर रात भर।।

माथार पसीना टप टप टप
अच्छा नी लागो छे कोय गप शप
गंजी कुर्ता भींगाय जा छे
गतर करे छे चप चप चप।।

हवा नी बहह, छे चारो बीती गुम
रहबा पाबो नी घरत, बाहरत घुम
बेचे कने बकरी अगला सालत
मुहुं एक टा इंवर्टर लुम।।

धूपत छे बड़ा जोरेर ताप
लोक ला करऽ छे बाप गै बाप
पक्का घरत बड्डा छे गर्मी
ठंढा रहऽ छे फूसेर धाप ।।

थाना गिनूं करबा केस (व्यंग्य)

एक टा दिन मुंय गिनू थाना
करबार ताने कहारो पर केस,

मत पूछऽ कते ला बेलना बेलनु
बिगड़े गेल मोर सुंदर फेस।।

लगानु थानात अपना अर्जी
दारोगा जी कहले ''यह है फर्जी'',

सिपाही कानत ओसे कहले
''दक्षिणा दो तुम जी थोड़ा पहले''

बुझबात मोक देर नी लागिल
मुंय छिनू पढ़ाल पूरा फाजिल,

टका ला दीनू मुंय पांच हजार
दारोगा जीक हैंय गेल पूरा प्यार,

फटाफट हैंय गेल केस तैयार
करे दिल दारोगा जी एफ आई आर,

जमादार ओसिल करबार ताने जांच
झूठऽ लाक भी करे दिले पूरा सांच,

विरोधी पार्टी दिल दस हजार
मुंय घूरे दीनू बीस हजार,

मोर इहात हैंय गेल पूरा जीत
विरोधी छोड़े दिल जमीन दस बीत

ई ला छे ई टा देशेर रीत
पैसा छोक ती विरोधी रहे छे चीत।

गे मां मोक आब पढ़बा दे

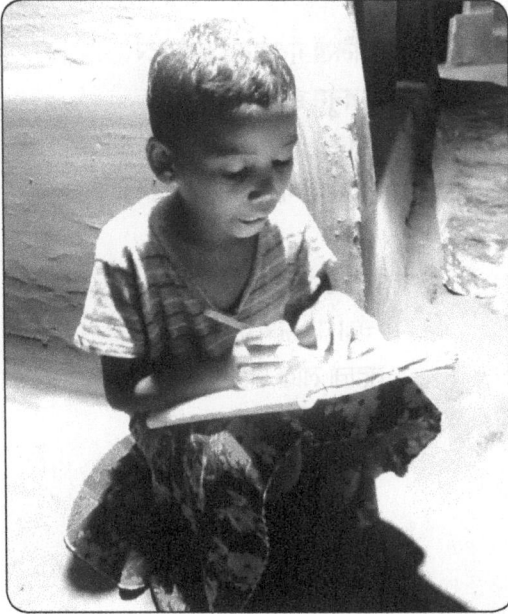

रान्ह तूंय सालन, आनुम नी जालन
गे मां मोक आब पढ़बा दे
बेटा बेटीत फरक नी कर तूंय
मोक अपना किस्मत गढ़बा दे।।

बड्डी बिहाने तूंय मोक भेजे छिस
बिछ्बार ताने कियांय जालन
बेटाक तूंय भेजे छिस स्कूल
मोर एनमान कियांय करे छिस पालन।

मुंहुं बनामु अपना किस्मत
अपना मोर होबे संसार

जीवने संघर्षत मुंय मां गे
आब नी मानुम कहारो से हार।

पढ़े लिखे मुंय बनुम कलेक्टर
या बनुम इंजीनियर डॉक्टर
मोर अपना पहचान होबे
मोर होबे मां गे अपना करेक्टर।

बेटी छे आब बेटार बराबर
चंदा पर आब जा छे बेटी
तहातो लोक ला नी बुझे छे
दाबे दी छे कियांय उहार नेटी।

सम्हले गेल छी आब मुंय मां गे
मोक उपरेर सीढ़ी चढ़बा दे
बेटा बेटीत फरक नी कर तूंय
मोक अपना किस्मत गढ़बा दे।।

ओसिल सावन कड़किल मेघ

ओसिल सावन कड़किल मेघ, पानीर बूंदा बूंदी छे
खेतत किसान करे छे रोपनी, भरे गेल खंदा खंदी छे
ओसिल सावन कड़किल मेघ।।

सिकमी जोतिल, कायमी जोतिल, जोतिल जे चकबंदी छे
रबी फसल केनमान बेचबे, बाजारत ती घोर मंदी छे
ओसिल सावन कड़किल मेघ।।

खादेर दाम दोगुना छे, जऽनेर अकाली चौगुना छे
तहातो पूंजी फसबा हो छे, आशा किसानेर चौगुना छे
ओसिल सावन कड़किल मेघ।।

धान बेचे ई साल बेटी बिहामू, किनना सोना चांदी छे
गरीबेर दुख दूर होबा नी पाबे, दुख पिछला सालेर मांदी छे
ओसिल सावन कड़किल मेघ।।

खेतक पूजनू पंता भात लिये, खेती ला ती एक टा पाबन छे
हर हर बम बम मुख से बोलनूं, ई टा महीना जे सावन छे
ओसिल सावन कड़किल मेघ।।

खेतत मांछ ला बेराछे, मेढक करे कूदा कूदी छे
कर्जा लिये पैसा आननू, आगू तगादा सूदा सूदी छे।
ओसिल सावन कड़किल मेघ।।

प्रेमेर आढ़त भेड़िया बुलाले

मुंय छी ब्यूटी, चढ़े स्कूटी, खगड़ा मेला घुमबा जाम
झूला झुलुम, लहंगा कीनुम, गोलगप्पा मुंय उठियान खाम।

दे दे बाबा हजार टाका, मोर लहंगार तूंय दे दे दाम
एतेक टाका कुन्हियां से आनुम, बेटी गे मुंय दिबा नी पाम।

सुने कने बेटी मुंह ला फुलाले, अपना मांक उहांय बुलाले
टप टप नोर बहबा लागिल, अपना दुखड़ा मांर आगुत गाले।

मां बेचारी छील अनाड़ी, खोले कने बक्शा दिले हजार
चुम्मा चुम्मी बेटी क लीले, भेजे दिले उहाक खगड़ा बाजार।

रास्तात प्रेमी बोठाल छिल, संगे आर दुई गोटा छिल
उहाक लिये गाड़ित चढ़ाले, मारिल चिलमेर सोटा छिल।

चिन्हबा नी पारले मांई टा, प्रेमेर आगुत हारे गेल
इज्जत लिये तीनों झने, उहाक मिट्टीत गाड़े गेल।

सूना हैंय गेल मां बापेर घर, न्यायेर ताने भटकिल दर दर
पुलिसो खोजबा नी पारिल, एनमान करम कोय नी कर

सच्चा प्रेमी बुलाबे नी, खुलेआम झूला झुलाबे नी
प्रेमेर आढ़त भेड़िया ला छे, उहार से कोय पाबे नी।

तोर घोरत कियांय काने मोर बेटी

सोना दीनू, चांदी दीनू आर दीनू पेटी
तहातो कियांय काने छे, तोर घोरत मोर बेटी।

दान दीनू, दहेज दीनू आर दीनू कीमती घड़ी
तहातो उहाक मारे छीस, तूंय कियांय छड़ी।

बुलेट मोटरसाइकिल दीनू, बाछिर संग दीनू गाय
तहातो कियांय लागे गेल, मोर बेटीक तोर हाय।

कपड़ा दीनू लत्ता दीनू, आर दीनू सम्मान
तहातो कियांय नी मिलील, तोर घोरत उहाक मान।

मोर बेटीक जे बेटी होल, उहार की कसूर छे
बेटा बेटी होना ती, ई दुनियार दस्तूर छे।

तोर मां ती कहारो बेटी छोक, रंगऽत सिलेटी छोक
मोर बेटीक देखबा नी पारे, आगेर उहांय अंगीठी छोक।

नाटक ला आब छोड़े दे, घोरत सभाक जोड़े दे
प्रेमेर साथ उमर बिताय ले, नफरत गोटे ला तोड़े दे।

दुई दिनेर छे ई टा जीवन, उहाक बनाय राख तूंय रानी
उहार सुखऽत तोर सुख छे, उहार दुखऽत तोर छे हानि।

हमसार बिजली भुक भुक भुक

हमसार बिजली भुक भुक भुक
ईहार नी छे सुनऽ अच्छा लुक
कधो चमकऽह चम चम चम
कधो अंधियारा घुप घुप घुप
हमसार बिजली भुक भुक भुक।।

मेघ चमके छे ती इहांय गुम
ट्रांसफार्मर करऽ छे बुम बुम बुम
बिजली विभाग लोग ला कहऽ छे
थोड़ेक दम धरऽ , आलाय दुम।

लोक ला देऽखे टुक टुक टुक
कध होबे हमसार दूर दुख
मंचोत नेता भाषण दी छे
आने वाला आब छे सुख सुख सुख
हमसार बिजली भुक भुक भुक।।

बोड़ो लोकेर घर छे इन्वर्टर
छोटो लोक करऽ छे टर टर
कोय रातत पंखा झेलऽ छे
कहारो पंखा उड़े छे फर फर फर ।

बिजली बिल भरबा हो छे
अपने जोगार करबा हो छे
गड़बड़ बिजली जऽध भी हो छे
पैसा दिए पोल चढ़बा हो छे।

कुन्हियां छे देख चूक चूक चूक
जध पाना छे सुख सुख सुख
आंदोलन हमसाक करबा होबे
तध देखबो बिजलीर तूंय मुख
हमसार बिजली भुक भुक भुक।।

प्रेम कहानी

तोक सुना छी एक प्रेम कहानी
एक छिल राजा एक छिल रानी
हांसे कूदे जीवन बिता छिल
प्रेमेर बहे छिल झर झर पानी।।

एक दिन राजा घुमबा गेल
गांवेर मिट्टी चुमबा गेल
मिले गेल उहाक एक सुन्दरी
अनबा उहाक कुनबा गेल।

सुन्दरी छिल बड़ऽ सयानी
उहांय बनबा चाहिल रानी
शर्त राखिल राजार आगूत
मुंय बनुम सबार से बड़ऽ महारानी।।

राजा शर्त माने गेल
उहाक महलत टाने गेल
बड़ऽ रानी कनबा लागिल
मोर प्रीतम एनमान कियांय हैंय गेल।।

अन्दरोत उहार हैंय गेल बबाल
माथात चढ़े गेल उहार काल
महलत उहांय दौड़बा लागिल
पोछे सिन्दूर, खोले बाल।।

राजाक गुस्सा चऽढे गेल
तलवार हाथत पऽड़े गेल
रानीर उहांय गर्दन उड़ाले
रानी पल में मऽरे गेल।।

सुन्दरी शादी से करे दिल इंकार
राजाक उहांय दिल धिक्कार
तोर मांदी निर्मम मानुष
करबा सके छे नी कहारो से प्यार।।

राजा राज छोड़े गेल
उहांय शोक से मऽरे गेल
गोटला राज हैंय गेल खत्म
तधे जध बुद्धि सऽड़े गेल।।

सुन गे मांई जुलेखा (हास्य कविता)

सुन गे मांई जुलेखा, तोर सुंदरतार नी छे लेखा
तोर आगुत फीका छे, हेमा, सलमा आर रेखा
सुन गे मांई जुलेखा।।

तोर बाल कालो कालो, तूंय लागे छीस भालो भालो
एतेक सुंदरता मांई, तूंय कुन्हिया से पालो पालो
हिरणीर मांदी चऽले छिस, गालत की तूंय मऽले छिस
तूंय जे मोक मिले जाबो, जिए लुम मुंय खाय दाल चोखा।
सुन गे मांई जुलेखा।।

दूधेर मांदी तूंय गोर छिस, क्रीमत तूंय की घोर छिस
एतला तूंय मांई बतलाय दे, तूंय छिस की नी मोर छिस –2
पायल तोर छनके छे, कंगना तोर खनके छे
प्रेमत तूंय मोक नी दिस, आगु चले मांई धोखा
सुन गे मांई जुलेखा।।

सुन गे मांई तूंय हबीबी, देखिस नी मोर गरीबी
सब ला शौक तोर पुरामु, बनबो जध तूंय मोर बीबी
लहंगा चुनरी आने दुम, फूल मेंहदी आर दुम कुमकुम
बेटा बेटी भल्ले ला, भरे दुम मुंय तोर गे कोखा
सुन गे मांई जुलेखा।।

तोर बिना मोर मोन छे पागल, मोर कलेजा हो छे घायल
गोट्टे जमाना तोर सुन्दरतार, सुन गे मांई होल छे कायल
तोक घुमामु सिल्लीगुड़ी, बनाय राखमु मुंय मॉडर्न छुड़ी
रातत जध तूंय सुते रहबो, पहरा करुम बोठे मोखा
सुन गे मांई जुलेखा।।

हथिया बरसे छे झर झर झर (हास्य कविता)

हथिया बरसे छे झर झर झर
बूढ़ार पेट करे छे गर गर गर
केनमान जाबे खेतेर बाड़ी
रहे रहे करे बूढ़ा पड़ पड़ पड़।।

बिहाने से चले छे हर हर हर
पतला दस्त बहे खर खर खर
रहे रहे बधना बूढ़ा उठा छे
करे ओसे छे छर छर छर।।

रहे रहे बूढ़ा पादे पर पर पर
बूढ़ी कहे छे मर मर मर
ऐनमान बूढ़ा कियांय करऽ छिस
खा छिस कियांय तूंय अलर बलर।।

गुस्सात बूढ़ा करे बड़ बड़ बड़
मत कर बूढ़ी तूंय टर टर टर
खांसिल जे बूढ़ा जोर लगाय
लूंगीत हैंय गेल छर छर छर।।

गंध करबा लागिल गोटे ला घर
बूढ़बाक करबा लागिल पकड़ धकड़
आब खबा दुम तोक नी रातत
जते ला मोन छोक चिकड़ भोकर।।

धानेर खेतोत ओसिल लाली

धानेर खेतोत ओसिल लाली, आब रहबे नी पॉकेट खाली
झूमे झूमे धान मुंय काटुम, कैनाक किने दुम मुंय बाली

चारो बीती फैलिल हरियाली, ओसेर बूंद छे बाली बाली
खगड़ा मेला ई साल घुमुम, साथत लिए एक टा साली ।

मुंय किसान छी, छी खेतरे माली, पानी पटानू नाली नाली
खेतेर मुंय रखवाली करनू, घूमे घूमे रातत काली काली ।

मुंय किसान मोर पॉकेट खाली, कर्जा लिनू आली पाली
मोर किस्मत कियांय बिगड़ाल छे, हरदम रहऽ छे कंगाली ।

मोर खेत जे चराबे दुम गाली, रातत भी करुम रखवाली
कौवा मैना दिन भर पिटामू, पहरा करुम डाली डाली ।

पटाखा फोरूम ई टा दिवाली, सुन गे मोर कैना मतवाली
तोक दुम सिल्क साड़ी, लाल लिबो या लिबो तूंय काली।

तोर चाल छे बड़ऽ मतवाली, हिरणीर मांदी आंखेर लाली
सजे धजे जध तूंय ओस छीस, लागे छीस तूंय दुर्गा काली।

आबओसबे हमसार खुशहाली, घरत टीन दुम धापत टाली
बेटा बेटीक दुम इंग्लिश स्कूलत, अंग्रेजी बोलबे फर्राटा वाली

चूड़ा मूढ़ी

मोर नाम चूड़ा छे, मोर नाम मूढ़ी
मोक खा छे छुड़ी ला, मोक खा छे बूढ़ी
खाबो मोक तध तूंय कोहबो
मोर आगूत फैल छे तरकारी आर पूरी।
मोर नाम चूड़ा छे, मोर नाम मूढ़ी।।

छूड़ा ला, बूढ़ा ला, इहार छे दीवाना
इहाक खा छे दादो, इहाक खा छे नाना
सब झने साथत बिछाय ओछाना
ईहार सबार से बड़ऽ साथी छे चना।
मोर नाम चूड़ा छे, मोर नाम छे मूढ़ी।।

कच्चा मिरचिन, कच्चा प्याज
नून तेलेर साथ इहार लागे छे साज
इहार साथ आर नी कोय चिजेर काज
सूर्यापूरीर ई टा घोरेर साज बाज।
मोर नाम चूड़ा छे, मोर नाम छे मूढ़ी।।

मोर बिना भोज भात सूर्यापुरीर सूना
मोक खाय सबार जोश होय जा छे दूना
मोक करवा पाबो नी इठियान अनसुना
ईहात मिलाय खबा पारिस सब्जी भूना भूना
मोर नाम चूड़ा छे, मोर नाम छे मूढ़ी।।

सुरजापूरीत मोर मान सम्मान छे
मोर में रहीम छे, मोर में ही राम छे
मोर भल्ले ला नी थोड़ेक दाम छे
चूड़ा मूढ़ी घुमनी मोर बड्डा नाम छे
मोर नाम चूड़ा छे मोर नाम छे मूढ़ी।।

पूर्वा बयार

झूमे ओसिल पूर्वा बयार, बादल ला कालो कालो
गर्मी टा आब कोम होल, मोर मोन होल भालो भालो
झूमे ओसील पूर्वा बयार।

घर घर घर घर मेघ करऽ छे
टर्र टर्र टर्र टर्र बेंग बोलऽ छे
चर चर चर चर बिजली चमकिल
फर फर फर फर पंछी उड़ऽ छे
ठंडा ठंडा हवा चलऽ छे, गीत कियांय तूंय नी गालो
झूमे ओसील पूर्वा बयार बादल ला कालो कालो।।

छुआ पुआ लार गर्मी छुट्टी
मारे टांग लात, मारे घुट्टी
आमेर गाछत रहे रहे कने
मारऽ छे घूरे घूरे गिट्टी
टपकिल आम टप टप टप, कोय गिरे गेल देखऽ नालो
झूमे ओसिल पूर्वा बयार बादल ला कालो कालो।।

आब नी पंता भात खामू, खाम चूड़ा आम
ई गरमिर छुट्टित मुंय, जामू मामार गाम
अपना बाड़ीत हमरा मिले, बनामू एक टा मचान
पक्का आम तोड़े बनवे आमट, आम जाबे छाम
सड़िया पचिया सब ला आम सब झन मिले उठालो
झूमे ओसिल पूर्वा बयार बादल ला कालो कालो।।

सावन मासेर बर्षात उपजबे खेतत धान

धान बेचे हमरा करमू, अपना घरेर काम
धान ती सूर्जापुरीर, छे बड़का टा जान
धाने से हमसार मुखत पान छे आर मखान
ठंडा ठंडा पानी ला लागे, देहात भालो भालो
झूमे ओसिल पूर्वा बयार बादल ला कालो कालो।

हाय गरीबी हाय गरीबी

हाय गरीबी हाय गरीबी
दूर होय जा छे करीबी
दोसरार बात की कहूंम मुंय
झाड़े छे मोक मोर बीबी।।

पनता खानू हाल जोतनुं
खेतत रोपनू धान
तेज धूपत पसीना बहानू
तहातो घरत नी मान
हाय गरीबी हाय गरीबी
दूर होय जा छे करीबी।।

फट्टा कुर्ता, आधा लूंगी
लागे छी मुय जेनमान भंगी
जीवन मोर हैंय गेल पहाड़
सब दिन मोक रहऽ छे तंगी
हाय गरीबी हाय गरीबी
दूर होय जा छे करीबी।।

दोसरार खेत, दोसरार बाड़ी
साफ करे छी दिन भर झाड़ी
चमड़ा ला मोर झूले गेल छे
गत्तर मोर हैंय गेल कारी
हाय गरीबी हाय गरीबी
दूर होय जा छे करीबी।।

कैनाक दुम केनमान साड़ी
पैसा नी छे जे बनामू दाढ़ी
साग भात ही मोर किस्मत छे
केतनो करे छी मेहनत गाढ़ी
हाय गरीबी हाय गरीबी
दूर होय जा छे करीबी।।

सुरजापुरी आम

मुंय छी सुरजापुरी आम
मुंय खाली आम नी
एक टा इलाकार पहचान छी
सुरजापुर परगनात मोर एक अलग पहचान छे।

मुंय छी एक संस्कृति
मुंय फले छी
अपना इलाकात
अगर मोर से तुंय करवा चाहिस भेंट
ती तोक ओसबा होबे
सूर्यापुर परगनात
जीठियान मुंय सब ला घोरत
पाल जा छी।

मोर स्वाद सब आम से अलग छे
नी छोटो छी नी बोड़ो छी
मोर कोनिया आगूर भाग से
पीछुर भाग तक
भराल छे
एक टा अलग
सुगंधेर रस
जे मोक दी छे
एक अलग पहचान।

मुंय बेटीर सनेस छी
छी मुंय समधीर बारिर प्यार

चंगेड़ात सजाल एक टा सनेस
मोर बिना भारोत गोटे ला सनेस
अधूरा छे
मुंय सुरजापुरी आम छी।

आला मुंय गुजरे छी
मोर संक्रमण काल से
मोर अंदरोत घुसे गेल छे
एक टा कीड़ा
जे मोर अस्तित्व के
खतम करवा चाहे छे
लेकिन मोर अस्तित्व रोहबे तध तलिक
जध तक छे सुरजापुरी भाषा
मोक सब ला झना मिले
बचाय लऽ बचाय लऽ बचाय लऽ
मुंय सूरजापुरी आम छी।

ई जिनगी एक मेला छे

ई जिनगी एक मेला छे, रेला छे झमेला छे
कधो बोठा छे कारेर पर, कधो बोठा छे ठेला छे
ई जिनगी एक मेला छे।

कोय खा छे हलुआ पूड़ी, कोय रहे खाय पंता छे
कहारो आगुत सेवा पानी, कहारो आगुत खंता छे
जीवनोत रेला पेला छे, पांव लात पड़ऽ छे ठेला छे
कधो बोठा छे कारेर पर, कधो बोठा छे ठेला
ई जिनगी एक मेला छे।

कहारो हाथोत सोना चांदी, कहारो हाथोत छे मिट्टी
आसमानोत कोय चले छे, कोय बिछे छे सड़केर गिट्टी
कोय मानुष अलबेला छे, कोय मानुष ढकपेला छे
कधो बोठा छे कारेर पर, कधो बोठा छे ठेला छे
ई जिनगी एक मेला छे।

कोय ओढ़े छे सिल्क दोशाला, कोय ओढ़े फट्टा छे
कहारो मुखत मीठा मीठा, कहारो मुखत खट्टा छे
कोय कहारो चतुर चेला छे, कोय चेला घचपेला छे
कधो बोठा छे कारेर पर, कधो बोठा छे ठेला छे
ई जिनगी एक मेला छे।

कहारो मंजिलत मंजिल छे, कहारो टूटाल छे टाटी
कोय दान पर दान करऽ छे, कहारो हाथोत छे बाटी
कहारो घोरोत मेला छे, कोय जीवनोत अकेला छे
कधो बोठा छे कारेर पर, कधो बोठा छे ठेला छे
ई जिनगी एक मेला छे।

ग्राम देवता पूजूम

गोबरेर मुंय छान दुम आर लगाम झाड़ू
ग्राम देवतार पूजा करूम लिये खीर लाड़ू
सब झने मिले जामु अपना ठाकुर बाड़ी
भजन करूम, कीर्तन करूम, मिले नर नारी।।

आशीष पानु देवतार मुंय लगानू महीन धान
धान काटे मिलले मोक अपना घोरत मान
नया नया शीश बिछे दिनू छामत बारी
फेर ऊहाक भुजे भुजे, तारणु मुंय हांड़ी
गोबरेर मुंय छान दुम।।

इंद्र देव प्रसन्न होल, होल खूब वर्षा
बर्षा देखे किसानेर मोन होल हर्षा
आब ती बैलेर नी खींचबा हो छे चरसा
ट्रैक्टर लिये चला छी हाल आर गरसा
गोबरेर मुंय छान दुम।।

बदले गेल जमाना बदले गेल लोग
आब देवताक सब नी लगा छे भोग
दिल्ली पंजाब रहे अपनार बदलील भेष भूषा
ताहि ताने धान ला खाय जा छे मूसा
गोबरेर मुंय छान दुम।।

अपना माटी अपना खेत छे सबार से प्यारा
धूप बर्षा आर नी देखे, देख छी हमरा जाड़ा
मेहनत करे फसल उपजाछी हमरा गामेर लोग
तध लगा छी हमरा देवातक अपना अपना भोग
गोबरेर मुंय छान दुम।।

मोर कैना (हास्य कविता)

मोर कैनार होठत लाली, आंखत कजरा हाथोत बाली
बड़ा मदमस्त उहार जवानी, चाल उहार छे बड़ा मतवाली।

डीलडौल कहबा नी पारुम, उहार बिन मुंय रहबा नी पारुम
उहार बीती जे चोख उठाबे, उहाक मुंय पूरा झारुम।।

उहार साड़ी सिल्की सिल्की, रंग उहार छे मिल्की मिल्की
स्नो पाउडर उहांय लगा छे, मुखड़ात चेंपे हल्की हल्की

उहार पसन्द छे सिनेमा सर्कस, कमरोत पहने चांदीर डरकस
छमछम छमछम उहार पायल, बोले छे मीठा बोले नी कर्कस

कैनार साथ मिलील मोक गाड़ी, चार चक्का मुंय चलबा नी पारी
ड्राइविंग सीटत उहांय बोठे छे, पिहने छे जींस छोड़े साड़ी।

महीनात दस दिन होटल बाजी, साला मोर बड़ा छे पाजी
पिछला सीटत बोठे जाछे, सब बातोत बोले छे हां जी हां जी

सब दिन बेड टी उहाक चाही, पियर्स से उहाक नहाही
रंग बिरंगी क्रीम किने छे, हटबार मुंह से काला छाही

तहातो हमसार प्यार दुगूना, उहार बिन मोर जीवन सुन्ना
हर दिन उहार बारे लिखे छी, रंगते रहे छी पन्ना पन्ना।

हुक्का बोले गुर गुर गुर (हास्य कविता)

हुक्का बोले गुर गुर गुर, गला करे छे सुर सुर सुर
समधीन मोर सुलगाय दीले, ले ल समधी घुर घुर घुर।

मूढ़ी खानू कुर कुर कुर, पेट करऽ छे गुर गुर गुर
लूंगी टा ऊठाय बूढ़ा, देखऽ करऽ छे पुर पुर पुर ।

ओसेन समधिन मुर मुर मुर, कियांय करोहिस खुर खुर खुर
कैना लाक करबा दऽ काम, समधिर संग तूंय उड़ उड़ उड़।

लाड़ू ला करे चुड़ चुड़ चुड़, दही मिलाय घीचऽ सुर सुर सुर
समधी र दांत झड़े गेल छे, करेछे पाकुम तुड़ तुड़ तुड़।

हाथ करऽ छे लुर लुर लुर, समधिन जाबे मोर बेंगलूर
समधिन संग मुंय भी जामू, ऊठियान करुम घुर घुर घुर।

ई साल मुंय शादी करूम (हास्य कविता)

ई साल मुंय शादी करूम मिलबे मोक नारी
नारीर साथ मिलबे मोक दुई चक्कार गाड़ी
शादीर बाद आब हमरा पैदल नी चलबा पारी
सब ला भाई एक टा गाडीत चढ़ूम बारी बारी
ई साल मुय शादी करुम।

पोहनुम कुरता शेरवानी, हाथोत पोहनुन घड़ी
सुंदर सुंदर फूल लार हाथोत बान्हुम लरी
मारे सेंट इ्यूडोरेंट गम गम मुंय करूम
कनियार बीती से आब मुंय घरत सबसे लड़ूम

मोर किबला जमीन बेचे दीले मोक दहेज
आब मोक पैसार कमी नीछे, छे नी मोक परहेज
कैनार संग आब मुंय खामू होटलत कबाब
गांवेर लोग ला आब मोक कहबे बड़का नबाब
ई साल मुंय शादी करुम।

आला मुंय छी बेरोजगार, मोर साला पैसा वाला
ऊहार साथ घूमूम मूय पहने चशमा काला
मोर बापेर जमीन छे परती बीघा बीघा
पैसा घटबे मोर जेबत ती करुम मुंय केवाला
ई साल मुंय शादी करुम।

मेहनत मोर किस्मत तोर

मेहनत मोर किस्मत तोर, चलनू मुंय लिए ठेला
आनुम मुंय सांझ करे छुआर ताने दूध आर केला
मेहनत मोर किस्मत तोर।।

मोर हाथोत दिले तोर हाथ जीवन निभतार ताने
तोर मां बिदा करील तोक सासुर खूब काने काने
तूंय छीस मोर जिम्मेवारी, तूंय छिस मोर लैला
तोर खातिर जीना मोक छे, सब चीज दुम तोक आने
मेहनत मोर किस्मत तोर।।

ऊपर वाला रहम करिल, दिले एक टा छुआ
उहार ताने सब दिन मोक करना छे दुआ
दूध आनुम केला आनुम, आनुम मुंय रसगुल्ला
तूंय बनाए दिस उहाक पावनित पूरी आर पूआ
मेहनत मोर किस्मत तोर।।

एक टा ठैला मोक छे, एतला छे मोर दुनियां
दिन भरे मुंय तपे छी, जेनमान रुई धुनियां
बोझा ढो छी जैठेर धूपत, ढो छी माथात बोरा
तध मुंय आने छी टाका, तध पले छे मुनियां
मेहनत मोर किस्मत तोर।।

मोर गरीबी जीवन छे, सुन गे प्रेम नी छे छोटो
मेला घुमबा हमराउ जामुं, उठियान घिचुम फोटो
सर्कस देखुम, होटलत खाम, चढ़ामु तोक झूला
आदमी मुंय छी दूई टाकार, मन मोर नी छे छोटो
मेहनत मोर किस्मत तोर।।

बर्षा रे मेघ थोड़ेक पानी

बर्षा रे मेघ थोड़ेक पानी मोर कलेजा फाटे छे
धूल उड़ऽ छे आब खेतत, फसलोक कीड़ा चाटे छे
बर्षा रे मेघ थोड़ेक पानी, ...।।

गाछ काटले धुआं छोड़ले, खाद आनले बोरा बोरा
माननू तोक लोक ला मारले, की बूढ़ा आर की छोरा
तहातो करोम कर, दया धरोम कर
ऊपरवाला तूंय रहोम कर
लोक ला जागे रात काटे छे
बर्षा रे मेघ थोड़ेक पानी मोर कलेजा फाटे छे
धूल उड़े छे आब खेतत फसलोक कीड़ा चाटे छे
बर्षा रे मेघ थोड़ेक पानी ....।।

कर्जा लिए धान लगाले, गोट ला जान प्राण लगाले
झूमे झूमे किसान खेतत, बढ़िया बढ़िया धान लगाले
पनता भात पियाज खाले
रोपनीत गीत खेतत गाले
तहातो घाटा घाटे छे
बर्षा रे मेघ थोड़ेक पानी मोर कलेजा फाटे छे
धूल उड़े छे आब खेतोत, फसलोक कीड़ा चाटे छे
बर्षा रे मेघ थोड़ेक पानी ....।।

रातोत कुत्ता काने छे, ईहार की माने छे
आनबो की तूंय अकाली, कस्से लोक मनाबे दिवाली
मांर कलेजा जरे छे
बेटीर उमर बढ़े छे
बिल्ली मिट्टी चाटे छे
जिनगीत घाटा घाटे छे
बर्षा रे मेघ थोड़ेक पानी मोर कलेजा फाटे छे
धूल उड़े छे आब खेतोत, फसलोक कीड़ा चाटे छे
बर्षा रे मेघ थोड़ेक पानी ....।।

आलोत बोठे किसान काने, जान दिबार मोनोत ठाने
बोरिंग से दी छे पानी, खेतित सहबे कतला हानि
रातोत जागे पानी लगाले
भोरोत खेतक खाली पाले
जीभा से नोर चाटे छे
बर्षा रे मेघ थोड़ेक पानी मोर कलेजा फाटे छे
धूल उड़े छे आब खेतोत, फसलोक कीड़ा चाटे छे
बर्षा रे मेघ थोड़ेक पानी ....।।

कंचनबारीर कंचनलता (प्रेम गीत)

कंचनबारीर कंचन लता
कुन्हियां मिल्बे मोक तूंय बता
उहार प्रेमोत मूंय ती पागल छी
गे मांई, ऊहार प्रेमोत मुंय ती पागल छी
कंचन बारीर कंचन लता।।

सोनार मांदी ऊहार चूल
कियांय प्रेम होल, कियांय होल भूल
मोर कलेजात घोपे छे त्रिशूल
गे मांई, मोर कलेजात घोपे छे त्रिशूल
कंचन बारीर कंचन लता।।

चोक टा ऊहार कालो कालो
देखबात ऊहाय बड़ा छे भालो
हिरणीर मांदी ऊहार चाल टा छे
गे मांई, हिरणीर मांदी ऊहार चाल टा छे
कंचन बारीर कंचन लता।।

दुधेर मांदी गोरो गोरो
मुस्का छे जब थोड़ऽ थोड़ऽ
मोर कलेजात सांप ला लोटे छे
गे मांई, मोर कलेजात सांप ला लोटे छे
कंचन बारीर कंचन लता।।

उहार बिन मोर जीवन सूना
उहार बिन मोर दुख छे दूना

उहार बिन मोर जिनगी अधूरा छे
गे मांई, ऊहार बिन मोर जिनगी अधूरा छे
कंचन बारीर कंचन लता।।

कंचनबारीर कंचन लता
उहांय प्रेम जे दिले जता
इहात मोर बोल की छे खता
गे मांई, इहात मोर बोल की छे खता
कंचन बारीर कंचन लता।।

किसानेर दर्द

किसानेर दर्द जेनमान धूपत मर्द
किसनेर दर्द जेनमान मौसम सर्द
किसानेर दर्द जेनमान धुक्कड़ गर्द
किसानेर दर्द जेनमान औरत बेपर्द।।

किसानेर जान जेनमान बैलगाड़ीर टान
किसानेर जान जेनमान कोयलार खान
किसानेर जान जेनमान दर्देर गान
किसानेर जान जेनमान ओखलित छान।।

किसानेर जान जेनमान घेंट टात प्राण
किसानेर जान जेनमान तीरेर बाण
किसानेर जान जेनमान अधूरा मान
किसानेर जान जेनमान बिन कत्थार पान।।

किसानेर जान जेनमान पतझड़ेर बगान
किसानेर जान जेनमान अधूरा अरमान
किसानेर जान जेनमान बिन प्लस्तरेर मकान
किसानेर जान जेनमान शिवेर गरलपान
किसानेर जान जेनमान कत्लेआम।।

किसानेर शौक जेनमान अगला चौक
किसानेर ख्वाब जेनमान मशाला बिन कबाब
किसा नेर कपड़ा जेनमान छंद बिन फकरा
किसा नेर जूता जेनमान खेतेर कुकुरमुत्ता
किसानेर अरमान जेनमान निरंकुश राजार फरमान।।

मूढ़ी आम खाम (बाल गीत)

खाम खाम खाम मुंय मूढ़ी आम खाम
आम खबार ताने नानी गाम जाम
गर्मी छुट्टी उठियान बिताय
नाना नानी के करुम सलाम
खाम खाम खाम मुंय मूढ़ी आम खाम।।

आमेर गाछत खेलुम डोल डोल
आम बिछुम मुंय पूरा गोल गोल
कच्चा पक्का सब ला आम लिए
करूम सब छुआ ला हल्ला बोल
खाम खाम खाम मुंय मूढ़ी आम खाम
आम खबार ताने नानी गाम जाम।।

सुरजापुरी आम छे कमाल
मुखत टेढ़ा मुंह लाल लाल
कमराय कमराय आम खामू
चढूंम मुंय गाछेर सब ला डाल
खाम खाम खाम मुंय मूढ़ी आम खाम
आम खबार ताने नानी गाम जाम।।

नाना नानी मोक करे छे दुलार
मामा मामीर भी मिले छे प्यार
नानी गाम जबार ताने मोन विकोल छे
नानार मौर छे बड़का खम्हार
खाम खाम खाम मुंय मूढ़ी आम खाम
आम खबार ताने नानी गाम जाम।

नानी मोर बना छे आमेर अचार
मोर बऊर लागे छे खानार सचार
बाल्टित भरे भरे आम खिला छे
केनमान सुन्दर उहार छे विचार
खाम खाम खाम मुय मूढ़ी आम खाम
आम खबार ताने नानी गाम जाम।।

पनता भात कच्चा पियाज

पनता भात कच्चा पियाज, मोर फेवरेट नाश्ता छे
तहातो मोर कान्हात देख, किताबेर बस्ता छे
मोर गरीबी छे मजबूरी, पर देखबा मोक रास्ता छे
मोक हराना ई टा ज़मानात, आब नी सुन गे सस्ता छे।।

कोय खा छे पूरी जिलेबी, मुंय खा छी कच्चा पियाज
तहातो मोक सब ला पाठ , याद करना छे पूरा आज
एक दिन मोर परचम लहराबे, देखबे ई टा पूरा समाज
आब नी मुंय करूम मजदूरी, आब नी करुम मुंय मसाज।

मोहरो एक टा सपना छे, सुरजापुरीर लाज रखना छे
मोर पताका उड़बे आकाश, लोक लाक आब देखना छे
उच्च सदनोत मोक जाय आब, अपनार बात रखना छे
सुरजापुरीर होबे विकास, जिम्मेदारी हमसाक गछना छे।

कोय कोहबे मोक पिछड़ा ती, उहाड़ दुम मुय पूरा ज़बाब
खा छीनू मुंय पनता भात पर आब खामू मुय भी कबाब
देशोत मुंय आब ताल ठोकुम, मांगुम अपना हकेर हिसाब
मुंय भी आब टाई सूट पिहनुम, मुंय भी आब बनुम नबाब।

पढ़ पढ़ पढ़ छुआ पढ़ पढ़ पढ़ (बाल गीत)

पढ़ पढ़ पढ़ छुआ पढ़ पढ़ पढ़
मत कर तूंय एतला बड़ बड़
नी पढ़बो ती भैंस चराबो
उड़बा नी पाबो फर फर फर
पढ़ पढ़ पढ़ छुआ पढ़ पढ़ पढ़।।

पढ़ना लिखना छे जरूरी
छोड़ करना आब गैर मजूरी
बोठे बोठे समय बिता नी
गंदा आदत से करे ले दूरी
पोढ़े लिखे बने जा हाकिम
दुनियांत तूंय बढ़ बढ़ बढ़
पढ़ पढ़ पढ़ छुआ पढ़ पढ़ पढ़।।

बदले गेल छे आब जमाना
रहन सहन आर पीना खाना
दुनियां छे आब बड़ा सुहाना
नी पढ़बो ती मिलबे ताना
शिक्षार ज्योति जीवनत आने
अन्याय से तूंय लड़ लड़ लड़
पढ़ पढ़ पढ़ छुआ पढ़ पढ़ पढ़।।

स्कूल जाना छे पहला काम
पोढ़े लिखे तूंय करे ले नाम
नाम अपना करे ले ऊंचा
नी पढ़बो ती नी मिलबे काम
ई टा जमानात नी पढ़बो ती
झुके जातोक तोर सर सर सर
पढ़ पढ़ पढ़ छुआ पढ़ पढ़ पढ़।।

बूढ़ा बूढ़ी घोरत छी, एक टा छे गाय

बूढ़ा बूढ़ी घोरत छी, एक टा छे गाय
दूनू झने बिहाने उठे पी छी चाय
छुआ ला पोढ़े लिखे कोरे दिले बाय बाय
बदले गेल जमाना टा हाय हाय हाय।।

मुंई पिहिननू लूंगी कुरता उहांय पिहनिल टाय
सूट बूट पिहने उहांय हैंय गेल हाई फाई
मोहको कोहे छे उम्हरा, बाबा करऽ केस डाय
तध ओसिस मोर घोरत, आर कोय नी उपाय।।

खेतेर जमीन टा बेचे, छुआ पढ़ानू विदेश
लव मैरेज करिल बेटा, बदले गेल उहार भेष
घोरेर जमीन बेचबा कोहे, पोड़े गीनु पेशोपेश
नी दिनू पैसा टा ती, बहू कोरे दिले दहेज केस।।

पोता पोती चिन्हे नी, पूछे छे नी हाल चाल
चिढ़ाय मोक कहे छे, कध मोरबो बूढ़ा झामलाल
आर जीवार मोन नी हो छे, जीवन होय गेल मोर काल
उठाय ले ऊपरवाला तूंय मोक ई टा साल।।

कून टा करम करनू नी अपना टात जमाना
छुआ पुआर पीछूत मुई ती छिनू भले ला दीवाना
झूठ बोलनू लोकक ठकनू चीन्हूं नी दादा नाना
आज मोर करम टा से मोर होय गेल देखऽ सामना।।

बूढ़ा बूढ़ी घोरत छी एक टा छे गाय
दुनू झने बिहाने उठे पी छी चाय
छुआ ला पोढ़े लिखे कोरे दिले बाय बाय
बदले गेल जमाना टा हाय हाय हाय।

फुलवन वाली कैना (हास्य कविता)

फुलवन वाली कैना टा चढ़वा लागिल जध सीढ़ी
तरे तरे दम मरबा लागिल, सुलगाय एक टा बीड़ी।

उठियान बोठाल छिल पहिले से एक टा गोरो छुड़ी
उहांय फांके छीले थाली लिए, नून तेल आर मूढ़ी।

छन्न छन्न करिल जध कैना टार हाथोत पहिनाल चूड़ी
झट ताल पाय गेल छुड़ी टा, ई कैनार हाथत छे बीड़ी।

छुड़ी टाक देखे कैना उहाक बुलाले, सुन गे मांई नूरी
बीड़ी पीबार मोर आदत छे, मोर छे ई टा मजबूरी।

बोलबो नी तूंय कहारो लिगी, मोर सास जे छे बूढ़ी
नी ती मुंय तोक दुम बद्दुआ, होय जातोक तोक कूढ़ी।

ईटा बात सुने नूरी गुस्सात फेकिल अपना थालीर मूढ़ी
हबहबाय कनबा लागिल , पकड़े लिले कनियांर ठूढ़ी।

हैंय गेल हल्ला देखते देखते, निकले गेलतन छुड़ी
लेकिन बूढ़ी सास छिल काबिल, बातेर पकड़िल ठूढ़ी।

बोलिल कैना नी पिल छे बीड़ी, मोर बीड़ीत धुआं उड़िल
झूठ नी बोल गे मांई नूरी, मोर हाथेर बीड़ी टा पोरिल।

आंख मारले नूरीक बूढ़ी टा, नूरी भी बात से घूरिल
कैना टार इज्जत बचिल, ओहिखुन कैना बीड़ी छोड़िल।

मोर बोदी (हास्य कविता)

मोर बोदी बैगन तोड़बा ओसिल खेतेर बाड़ी
गाछेर कांटात फंसे गेल उहार रेशमी साड़ी।।

छोड़बा गीनू मुंय जे बोदीर लाल लाल साड़ी
मोर भई देखे लीले, चोख टा उहांय फाड़ील।।

ले लीले करची टा मोक तड़ातड़ी मारिल
तहातो मोर मोन टा ऊहार से नी हारिल।।

बैगन गाछत उहांव फंसे गेल घुरेकने पुकारिल
मोर बोदी हंसे कने, मोर बिती आंख टा मारिल।।

मुंय छिनू बोदीर दिवाना, ठेंग रूकबा नी पारिल
छुड़ाय दिनू मुंय ओसे, तध उहांय भात काढ़िल।।

मुंय बोठानु पंचैती, मोर भई मोक कियांय मारिल
पंचैतीत मोर फूफी टा, मोर भईक खूब झारिल।।

मोर भई टा कनबा लागिल, मोर बोदी पुचकारिल
मोर कलेजा टा पसीजे गेल, प्रेमेर आगू हारिल।।

मोरो नोर ओसे गेल, भईक दुखी देखबा नी पारिल
मुंय कहनू छोड़ पंचैती, यथा बोड़ो छील, मारिल ती मारिल।।

नेतार झोला (व्यंग्य)

मोहको आब उठवा होवे, झोला एकटा कोय नेतार
लाइफ बनामू मुंय झोला ढोए, लाइन लगवा होवे बेटार
मोहको आब झोला उठवा होवे।।

सबार से पहिले घोरत अपना, उहार लगामु फोटो
उहाक बतामु बड़का नेता, बांकी नेता ला छोटो

घर से अपना पूंजी लगाए, सिलामू कुर्ता पायजामा
उहार खिलाफत जे भी बोलने, करमु चौकत हंगामा

धीरे धीरे आर ला चमचात, मोहरो भी गिनती होबे
किस्मत मोर भी खुले जाबे, नेताजी मोहको लोक कोहबे

मुंय भी आब दाना चुंगुम, नेता जीर देखुम सबला खोता
लाइफ बनानू झोला ढोए, बेटा लार आर पोतार
मोहको आब झोला उठवा होवे।।

लत्तम जुत्ता करते करते देखऽ बने गेल पार्टीर नेता
आब नेता जी बने ऊहांव, काटे छे जगह जगहत फीता

भूले गेल लोक ला भी उहार चाल ला आर बोली तीता
आब सभा लात उहाक पिहना छे माला सीता आर गीता

कलक्टर भी ऊहाके चिन्हे छे, पिहने छे उहार से माला
कोय नेतार आब इहांय जीजा छे, कोई नेतार छे साला

आब मुंहूं चमचा से काटुम मिठाई सेब आर पपीता
लाइफ बनामु झोला ढोए बेटा लार आर पोतार
मोहको आब झोला उठवा होवे।।

आब ब्लॉकत मोर चलती खुलबे, कुर्सी दिबे बी डी ओ
सब ला स्कीमत पैसा खाम, बनाय सब लार वीडियो

सीना टा चौड़ा करे जगह जगह फहराम मुंय झंडा
फोकटत मोक आब नाश्ता मिलबे, मिलबे सब ठियान ठंडा

बिन बातेर आब भाषण दीमू, करमू देश विदेशेर चर्चा
मोर घोरेर राशन पानी लार आब पार्टी ला उठाबे खर्चा

चावल, गेहूं फोकटत लूम, कमीशन लूम आब कोटार
लाइफ बनामू झोला ढोए बेटा लार आर पोतार
मोहको आब झोला उठबा होबे।।

खेतेर बारी मोक भेज नी (व्यथा)

खेतेर बारी मोक भेज नी आब गे मोर खाला
मुंय ती आब छी नी छोटो, होय गेल छी मुंय बाला
खेतेर बारी मोक भेज नी ....!!!

मोर सहेली एक टा छिल, उहार नाम छिल सोना
मारे दिले उहाक जान से, पड़िल छिले खेतेर कोना
नोचे लीले राक्षस ला ऊटा पटुआ बारी
काल कहीं नी मोहरो साथ, मुख करे कारी
खेतेर बारी मोक भेज नी ......!!

देखवात लागे भालो मानुष, भीतर देखवा नी पारी
काल कोय मनचला ला, मोहरो ले नी सुपाड़ी
मोर कलेजा धक धक करे आलोत खेतेर बारी
मुंई ती छी नी बेटछुआ कोय, मुंई ती छी एक नारी
खेतेर बारी मोक भेज नी ....!!!

गोरो गोरो मोर चेहरा ला, मुंई छी एक हबीबी
मोर की खाला कसूर छे, मोक मारले कियांय गरीबी
झुके झुके जब मुंय खेतत धान ला काटे छी
नजर मोर पर राखे छे, मुंय मऽरे मऽरे जाछी
खेतेर बारी मोक भेज नी ....!!

बेचे ले बकरी ला, आब मुंय ठोकबा नी पारुम
मुंय भी जामु आब स्कूल या फेर जामु दारूम
किताब कॉपी मोक किने दे, दे मोक साइकिल
मुंहु मारूम आब गे खाला, किताब लिये पाईडिल

खेतेर बारी मोक भेज नी ....!!!

आब दुनियां टा बदले गेल, आगू छे आब नारी
मुंहुं जींस पेंट ला पिहनूम, पिहनुम नी आब साड़ी
छोटो छोटो चूल राखुम, आब राखूम चूल ला खुल्ला
आब नी कोय मोर दाम लागेबा, हाथ पकरूम नी लुल्ला
खेतेर बारी मोक भेज नी ....!!!!

ओसिल इलेक्शन (व्यंग्य)

ओसे गेल इलेक्शन टा आब रुपैया मिलबे
छोटो छोटो नेता लार आब चलती खुलबे।

नेता लार गाड़ी टा आब हूर हूर रोडत चलबे
हाथ मिलामुं मुंय नेता से मोर पड़ोसी जलबे

रंग बिरंगी झंडा ला गाड़ीत फर फर उड़बे
लुच्चा लंगटा लोगो ला आब नेताक मुड़बे

रातत आब नी सुतुम झोला लिए टका बंटवे
जतला बांटे नेता ला ऊहार भंडार नी घटबे

कटबे कटबे आब पॉकेट, नेतार पॉकेट कटबे
बांटबे कोय नेता ला, कोय नेतार पुनी फटबे

मटमट गाड़ीत मुंय बोदूम, आगुर सीट मोक मिलबे
नया नया कुर्ता पायजामा ला आब दर्जी सिलबे

सब ला पार्टी से पैसा लूम, जे जे पार्टी ला सटबे
नया नया ला नेता उठबे, कोय कोय नेता बोठबे

जगह जगहत नुक्कड़ पार्टी, सब ठियाँ पोस्टर सटबे
काल जहाक नी चिन्हें छीनू, ऊहांय मोरताने खटबे

लम्बा लम्बा भाषण सीखुम, मोच ला आब मोर उठवे
काल जहाक दी छील गाली, आब उहार नाम रटबे

टुटबे टुटबे आब टुटबे अपना समाज ला टूटबे
बापेर अलग गुट बनबे, बेटार गुट अलग बनबे

रनबे रनबे आब बनबे, रोड टा रनवे बनबे
एक बीती एक पार्टी जाबे, दोसरा जाबे वन वे

मुंय ती छी सुरजापुरी कवि, मोक कोय नी पूछबे
अंगूठा छाप लोकेर ला, नेता ला पुनि पूजबे।

एक टा नारीर दर्द

नारीर इज़्जतेर कीमत लागिल, मर्देर भराल जमातोत
एकटा नारीर इज्जत गेल छिल, घुप्प अन्हरिया रातोत

तार तार करे इज्जत गेल, खेलिल फुसलाय शादीर बातोत
मिलिल नी जीवनसाथी उहाक, मिलील बदनामी सौगातोत

डीलडौल छिल दिल्ली वाला, महंगा मोबाइल छिल हाथोत
खास रिश्तेदार उहार छिल, छिल उहांय अपना जातोत

करिल नी शादी धोखा दील, बात पहुंचिल पंचायतोत
मुखिया बोठिल, सरपंच बोठिल, बोठिल लोक ला जातोत

हो-हल्ला करे फैसला होल, दू लाख दिले बापेर हाथोत
एक लाख दलाल ला खाले, पंचायतीर पहले ई बातोत

मांईं टा छिल स्वाभिमानी, बाप से बात करले लातोत
चले गेल थाना केस करबा, लिए आवेदन टा हाथोत

दारोगा के मिलिल बड़का मुल्ला, जीप पहुंचिल रातोत
कीला कीला होल दलालेर संग, लड़कार संग दिखले हाटोत

हैंय गेल केस खतम दू महीनात, लड़का दुसरा बारातोत
दुल्हा बनिल छील टीम टाम से, मांई टा काने छिल बाटोत

कुकड़ूमकूँ

मुर्गा बोलिल कुकड़ूमकूँ
दामाद बोलिल जकड़ूमकूँ
दौड़े दौड़े मुर्गा पिटाले
बोलिल मुर्गा नी जकड़ूमकूँ।।

तोक मुंय आज हकरुमकूँ
मुर्गा करबा लागिल सुकरुमकूँ
चौकीर तोलोत उहांय नुकाले
बोलिल काने नी निकलुमकूँ।।

दीवाल ला मुंय खकरुमकूँ
हल्ला करे चिकडुमकूँ
तहातो उहाक माया नी ओसिल
बोलिल तोक मुंय काटुमकूँ।।

लोहियात तोक मुंय चालुमकूँ
झाल ला मिरचीन डालुमकूँ
बिरयानीर साथ तोक मुंय खामु
आज नी तोक मुंय छोड़ुमकूँ।।

किबला बोलिल मुंय नी रोकुमकूँ
कोय ला बातोत नी तोक टोकुमकूँ
डट्टाय खाले सब झने मिले कने
दामाद कहले मुंय बोकरुमकूँ।।